BEI GRIN MACHT SICH
WISSEN BEZAHLT

- Wir veröffentlichen Ihre Hausarbeit,
  Bachelor- und Masterarbeit

- Ihr eigenes eBook und Buch -
  weltweit in allen wichtigen Shops

- Verdienen Sie an jedem Verkauf

Jetzt bei www.GRIN.com hochladen
und kostenlos publizieren

Christoph Kleineberg

Entwicklung von Eigentum und Gesellschaft

Untersuchungen anhand des Jagdrechts

GRIN Verlag

Bibliografische Information der Deutschen Nationalbibliothek:

Die Deutsche Bibliothek verzeichnet diese Publikation in der Deutschen National-bibliografie; detaillierte bibliografische Daten sind im Internet über http://dnb.d-nb.de/ abrufbar.

Impressum:

Copyright © 2013 GRIN Verlag GmbH
Druck und Bindung: Books on Demand GmbH, Norderstedt Germany
ISBN: 978-3-656-61089-2

Dieses Buch bei GRIN:

http://www.grin.com/de/e-book/269893/entwicklung-von-eigentum-und-gesellschaft

GRIN - Your knowledge has value

Der GRIN Verlag publiziert seit 1998 wissenschaftliche Arbeiten von Studenten, Hochschullehrern und anderen Akademikern als eBook und gedrucktes Buch. Die Verlagswebsite www.grin.com ist die ideale Plattform zur Veröffentlichung von Hausarbeiten, Abschlussarbeiten, wissenschaftlichen Aufsätzen, Dissertationen und Fachbüchern.

Besuchen Sie uns im Internet:

http://www.grin.com/

http://www.facebook.com/grincom

http://www.twitter.com/grin_com

Entwicklung von Eigentum und Gesellschaft

Untersuchungen anhand des Jagdrechts

1. Einleitung
2. Karl Marx als Person
3. Werk von Karl Marx
4. Formen, die der kapitalistischen Produktion vorhergehen
5. Formen, die der kapitalistischen Produktion vorhergehen, im zeithistorischen Kontext
6. Geschichte des Jagdrechts in „deutschen Landen"
7. Fazit

1. Einleitung:

Ein Gespenst geht um in der Wissenschaft. Seit dem Ausbruch der internationalen Finanz- und Wirtschaftskrise 2008 wird die Kritik am wirtschaftlichen System, das seine Befürworter „Marktwirtschaft" und seine Kritiker „Kapitalismus" nennen, stärker. In den Diskussionen berufen sich Wissenschaftler, zumindest in populärwissen- schaftlichen Medien wie Interviews und Talkshows, stärker auf Ideen von Karl Marx. Dabei berufen sie sich jedoch zumeist auf einzelne Zitate oder auf Quellen aus der Sekundärliteratur.

Ziel der vorliegenden Arbeit ist die Auseinandersetzung mit einem wissenschaftlichen Werk von Karl Marx aus einer Primärquelle, dem 42. Band der Marx-Engels-Werke. Objekt der Analyse ist die Theorie über die historische Entwicklung der Eigentumsverhältnisse. Diese Theorie ist von großer Bedeutung, um den Status quo des aktuellen Wirtschaftssystems zu erklären.

Die Theorie wird dann auf die Entwicklung des Jagdrechts in „deutschen Landen" angewendet, wobei „deutsche Lande" ein Synonym für Völker und Stämme ist, die seit der Antike in den geografischen Gebieten gesiedelt haben, auf denen sich heute das Staatsgebiet der Bundesrepublik Deutschland befindet. Denn Analyseobjekt von Marx' historischen Studien waren auch die „deutschen Lande", sodass sich seine Theorien auf das Gebiet der heutigen Bundesrepublik Deutschland anwenden lassen. Während die Theorie über die Entwicklung von Eigentumsverhältnisse auf Produktionsmittel, beziehungsweise Investitionsgüter, umfassend angewendet wurde, hat man auf die Entwicklung des Jagdrechts, das ein elementares Eigentumsrecht darstellt, noch nicht angewendet.

Die historischen Quellen zu der Entwicklung des Jagdrechts in „deutschen Landen" ist ein Themenbereich, der nur in geringem Umfang und zumeist von Historikern erforscht wurde, die persönlich eine Verbindung zu Jagd und ihrer Ausübung hatten. Die Quellenlage ist jedoch umfassend genug, um die Entwicklung des Jagdrechts in diesem Gebiet abstrakt genug zu beschreiben, sodass die Theorien von Karl Marx darauf angewendet werden können.

Die Art und Weise der Benennung von Sachverhalten spiegelt oft eine subjektive Beurteilung wider, wie das obige Beispiel von „Marktwirtschaft" oder „Kapitalismus" zeigt. Um zwischen unterschiedlichen Positionen eine möglichst objektive Analyse durchführen zu können und nicht rein mit ideologisch aufgeladenen Begriffen zu argumentieren, werden in der vorliegenden Arbeit, wenn möglich, beide gegensätzliche Beschreibungen für einen Sachverhalt dargelegt.

Die vorliegende Arbeit ist in mehrere Teilabschnitte untergliedert. Am Anfang steht eine Einführung zur Person Karl Marx und eine allgemeine Einleitung in sein Werk. Darauf aufbauend wird die konkrete Theorie dargestellt und vor dem Hintergrund anderer, konkurrierender Theorien in einen Kontext eingeordnet. Danach wird die Geschichte des Jagdrechts in „deutschen Landen" dargestellt.

Im Anschluss an die Darstellung der Theorie von Marx über die Entwicklung der Eigentumsverhältnisse werden die Hauptentwicklungsschritte der Theorie zusammengefasst. Auch bei der Geschichte des Jagdrechts in „deutschen Landen" gibt es am Ende des Abschnitts eine kurze Zusammenfassung der wichtigsten Entwicklungen. Diese werden dann im Fazit verglichen, um eine Antwort auf die Frage zu geben, ob die Theorie von Karl Marx bei der Betrachtung der Geschichte des Jagdrechts in „deutschen Landen" bestätigt oder widerlegt wird.

2. Karl Marx als Person:

Karl Marx wurde am 5.5.1818 in Trier geboren[1]. Er stammte aus einer Familie, zu deren Vorfahren mehrere bedeutende Rabbiner gehörten[2]. Sein Vater Heinrich Marx ließ sich 1816 taufen, da ihm als Jude die Möglichkeiten verwehrt waren, öffentliche Ämter zu bekleiden, was er jedoch als Anwalt anstrebte[3]. Seine Frau, die Mutter von Karl Marx, trat 1825 zum protestantischen Glauben über[4]. Damit gehörte die Familie Marx zur protestantischen Minderheit im überwiegend katholischen Trier[5]. Vor diesem religiösen Familienhintergrund wird in der Marxforschung die Frage gestellt, ob Karl Marx, der sich in einigen seiner Schriften kritisch mit dem Judentum und den Juden auseinandersetzt, Antisemit war oder ob es sich bei den kritischen Ausführungen also um „jüdischen Selbsthass" handelt[6].

Karl Marx besuchte ab 1830 bis 1835 das Friedrich-Wilhelm-Gymnasium und machte dort Abitur[7]. Im Anschluss daran begann Marx ein Studium der Rechtswissenschaft in Bonn[8]. Daneben interessierte er sich auch sehr für Philosophie[9]. So schrieb er sich bei seinem Wechsel an die Friedrich-Wilhelms-Universität in Berlin im Jahr 1836[10] auch für Philosophie ein[11]. Marx begann sein Studium 3 Jahre nach dem Hambacher Fest und erlebte so den Wunsch und das Streben vieler Professoren und Studenten nach Freiheitsrechten mit und wurde davon beeinflusst[12]. Er begann seine Umgebung kritisch zu betrachten und nichts als gegeben hinzunehmen. Marx nahm an den politischen Diskussionen im Berliner „Doktorclub" teil und wurde Sympathisant der „Hegel'schen Linken"[13]. In Folge des dortigen Diskurses gewann er die Auffassung, dass es zwangsläufig zu einer Revolution kommt, wenn der Staat die politische Opposition unterdrückt und keinen Ausgleich zwischen der bürgerlichen Gesellschaft und dem Staat schafft[14].

---

1 Vgl. Körner (2008), S. 12.
2 Vgl. ebenda, S. 12.
3 Vgl. Callinicos (2011), S. 31.
4 Vgl. Körner (2008), S. 14.
5 Vgl. ebenda, S. 15.
6 Vgl. ebenda, S. 16.
7 Vgl. ebenda, S. 16.
8 Vgl. ebenda, S. 23.
9 Vgl. ebenda, S. 24.
10 Vgl. ebenda, S. 27.
11 Vgl. ebenda, S. 28.
12 Vgl. Hosfeld (2010), S. 11.
13 Vgl. ebenda, S. 14.
14 Vgl. ebenda, S. 16.

Er promovierte am 15.4.1841 in Jena mit seiner Arbeit über den Unterschied der demokritischen und epikureischen Naturphilosophie[15]. Im Anschluss an seine Promotion wollte er bei dem Theologen Bruno Bauer habilitieren und eine akademische Laufbahn beginnen. Diesem wurde jedoch 1842 die Lehrerlaubnis entzogen, weil seine Ansichten zu liberal waren[16]. Deshalb wurde Marx Mitarbeiter und „politischer Journalist"[17] der „Rheinischen Zeitung"[18]. Obwohl die preußischen Zensurbehörden keine Neugründung von Zeitungen erlaubten oder diese zumindest im Rahmen ihrer Möglichkeiten behinderten, konnte die liberale „Rheinische Zeitung" erscheinen, da die preußischen Behörden in ihr ein Gegengewicht zur ultramontanen, i.e. von der katholischen Kirche aus Rom gesteuerten, „Kölnischen Zeitung" sahen[19]. Dadurch konnte die Zeitung am Anfang relativ frei von Zensur und äußerer behördlicher Einflussnahme arbeiten[20]. Im Rahmen der Berichterstattung über die Debatte um das preußische Holzdiebstahlsgesetz wurde er erstmals mit der Not dieser Bevölkerungsschicht konfrontiert[21].

Zu der Zeit waren Armut, Kinderarbeit und schlecht bezahlte Frauenarbeit unter gesundheitsschädlichen Bedingungen weit verbreitet[22]. Mit dem Gesetz, das die legale Entnahme von Brennholz aus dem Wald verbot, die jahrhundertelang legal gewesen war, trat der Staat als Interessenvertreter der Waldbesitzer auf, während er eigentlich im Gegensatz dazu für das gesamtgesellschaftliche Wohl zu sorgen habe[23].

In der Folge der Auseinandersetzung mit dieser Thematik, die damals auch die „soziale Frage" genannt wurde, erkannte Marx als erster Deutscher bereits 1842 eine sich neu bildende politische Strömung, die später Kommunismus genannt wurde, und wies auf wachsende soziale Probleme und größer werdende Klassengegensätze hin[24].

Schon 1842 wurde Marx im Alter von 25 Jahren Chefredakteur der „Rheinischen Zeitung"[25]. Aber die kritische Berichterstattung unter dem Chefredakteur Marx führte

---

15 Vgl. Arndt (2012), S. 23.
16 Vgl. Körner (2008), S. 38.
17 Vgl. Hosfeld (2010), S. 24.
18 Vgl. Körner (2008), S. 38.
19 Vgl. ebenda, S. 39.
20 Vgl. Hosfeld (2010), S. 25.
21 Vgl. ebenda, S. 30 f..
22 Vgl. ebenda, S. 31.
23 Vgl. Sieferle (2011), S. 22 f..
24 Vgl. Hosfeld (2010), S. 43.
25 Vgl. ebenda, S. 28.

dazu, dass der Zeitung 1843 die Lizenz entzogen wurde. Als Folge dessen musste Karl Marx ins Exil gehen[26].

Seit 1838 war Karl Marx mit Jenny von Westphalen verlobt, heiratete sie 1843 und ging mit ihr im Oktober 1843 gemeinsam ins Exil nach Paris[27]. Nach seiner deutlichen und scharfen Kritik am preußischen König Friedrich Wilhelm IV. bat dieser den französischen Herrscher Louis Philippe Karl Marx auszuweisen. Dieser Bitte wurde entsprochen. So wurde Marx 1845 aus Paris ausgewiesen, woraufhin er nach Brüssel ging[28]. Im August 1849 emigrierte Karl Marx mit seiner Frau Jenny nach London[29]. Während ihres gesamten Aufenthalts in London hatte die Familie Marx große Geldsorgen[30]. Erst ab 1865 besserte sich die Lage der Familie Marx durch die finanzielle Unterstützung von Friedrich Engels, sodass sie in eine repräsentative Villa umziehen konnten[31].

Marx wurde Mitglied der 1. Internationalen, die am 28.9.1864 in London gegründet wurde. Von Anfang an gehörte er dort zu den wichtigsten und führenden Persönlichkeiten[32]. Zu Beginn der 1860er Jahre entstand in der internationalen Arbeiterbewegung die Überzeugung, dass es wichtig sei durch Aktionen die Sozialisten und Demokraten in anderen Ländern zu unterstützen. So unterstützten die englischen Textilarbeiter die Nordstaaten im US-amerikanischen Bürgerkrieg, indem sie die Wollexporte aus den Südstaaten blockierten. Um solche Aktionen zu koordinieren und einen Austausch zu ermöglichen, wurde die Internationale gegründet.

Dennoch gab es innerhalb der Internationalen tiefgreifende Konflikte über die Mittel und Wege wie der arbeitenden Bevölkerung geholfen werden sollte. Michael Alexandrowitsch Bakunin trat 1868 der Internationalen bei[33]. Er organisierte die Anarchisten, deren Ziel es war, möglichst umfangreich und schnell Aufstände gegen

---

26 Vgl. Körner (2008), S. 44.
27 Vgl. ebenda, S. 46.
28 Vgl. Hosfeld (2010), S. 80.
29 Vgl. Callinicos (2011), S. 45.
30 Vgl. ebenda, S. 47.
31 Vgl. Körner (2008), S. 150.
32 Vgl. Callinicos (2011), S. 55 f..
33 Vgl. ebenda, S. 58.

das bestehende System auszulösen[34]. Die Auseinandersetzung um die Frage, wann und wie es am besten zur Revolution kommt, führte dazu, dass sich die englischen Gewerkschaften, die materiell und organisatorisch die Hauptstütze der Internationalen gewesen waren, zurückzogen. Der Sitz wurde von London nach Den Haag und später nach New York verlegt. Auf Grund derartiger Konflikte wurde die Internationale 1876 aufgelöst[35].

Marx verstarb am 14.3.1883 in London und wurde im Highgate Friedhof beigesetzt[36]. In seiner Grabrede auf Karl Marx sagte Friedrich Engels am 17.3.1883, Marx habe das Entwicklungsgesetz der menschlichen Geschichte entdeckt[37].

3. Werk von Karl Marx:

Karl Marx begann mit der Entwicklung von philosophischen Theorien gleich nach Beginn seines Studiums in Berlin im Oktober 1836[38]. Ab 1845 vollzog Marx die Wendung von Studium und Arbeit in der Philosophie hin zur empirischen Wissenschaft[39]. In Folge dessen entwickelte Marx empirische Fragestellungen, die noch nicht beantwortet werden konnten und versuchte durch ein intensives Studium, Antworten darauf zu finden[40].

Ab 1850 widmete sich Marx im Lesesaal des Britischen Museums in London seinen ökonomischen Studien[41]. Sein Ziel war es, mit Hilfe der ökonomischen Studien die sozio-ökonomischen Zusammenhänge zu erklären. Den Vorgängern von Marx war es nicht gelungen, einen Zusammenhang zwischen ökonomischen Studien und gesellschaftlichen Entwicklungen herzustellen[42]. Dabei stellte er auch sehr gründliche Studien zur Geschichte der Ökonomie an[43]. Seine ersten Studien zur geschichtlichen Entwicklung der Eigentumsverhältnisse waren „Deutsche Ideologien" und „Zur Kritik

---

34 Vgl. Callinicos (2011), S. 58.
35 Vgl. Callinicos (2011), S. 58.
36 Vgl. Körner (2008), S. 179.
37 Vgl. Schmitz (1984), S. 11.
38 Vgl. Arndt (2012), S. 17.
39 Vgl. ebenda, S. 47.
40 Vgl. ebenda, S. 47.
41 Vgl. Hosfeld (2010), S. 113.
42 Vgl. Iovio (2012), S. 274.
43 Vgl. Hosfeld (2010), S. 123.

der politischen Ökonomie" aus dem Jahr 1859[44]. Das Werk „Grundrisse" stellt die grundlegende Schrift von Karl Marx über die Grundzüge der Ökonomie dar[45]. Die „Grundrisse" waren eine theoretische Auseinandersetzung auf Forschungsebene und nicht dafür bestimmt, von großen Teilen der Bevölkerung gelesen zu werden[46]. Sie dienten vielmehr als wissenschaftliche Fundierung der Forderungen und Schlussfolgerungen, die später in plakativer Form, wie dem kommunistischen Manifest, aufgestellt wurden. Als eigenständiges Werk wurden die Grundrisse erst 1939 und 1941 in 2 Teilen in Moskau veröffentlicht[47]. Der Entstehungsprozess und die Arbeit an den „Grundrissen" waren nach der Darstellung von Marxs Weggefährten Friedrich Engels sehr chaotisch[48]. Um dieses Werk herum entwickelte er seine Wirtschafts- und Gesellschaftstheorie und er erstellte eine Prognose der historischen Entwicklungen, die 2 500 Seiten umfasste[49]. In der Marktwirtschaft beziehungsweise dem Kapitalismus sieht Marx ein Herrschaftsverhältnis der Sachen über Menschen, bei dem die Produktion von materiellen Gütern als eigenes Bedürfnis an die Stelle von menschlichen Bedürfnissen nach Partnerschaft oder Ähnlichem getreten ist[50].

Marx formulierte einige Grundthesen zur weiteren Entwicklung des Kapitalismus beziehungsweise der Marktwirtschaft. So versteckten sich laut Marx hinter scheinbar sachlich, ökonomischen Verhältnissen gesellschaftliche Beziehungen. Die Quelle des Kapitalgewinns beziehungsweise des Gewinn des Unternehmens ist die Ausbeutung der Arbeitskraft beziehungsweise die Arbeit der Arbeitnehmer. Diese inneren Widersprüche des Kapitalismus beziehungsweise der Marktwirtschaft, so die Prognose von Marx, führten zu seinem unvermeidlichen Zusammenbruch[51]. In Krisen würde durch den Kapitalismus beziehungsweise die Marktwirtschaft die bürgerliche Gesellschaft in Frage gestellt, da Menschen auf der Suche nach ihrem persönlichen Vorteil die gesellschaftlichen Regel und Normen ignorierten und in einen Zustand der Barbarei zurückfielen[52]. Einen Ausweg aus den „chaotischen Verhältnissen" könnte nur der Kommunismus bieten, in dem die menschlichen Fähigkeiten sich frei

---

44 Vgl. Arndt (2012), S. 93.
45 Vgl. Hosfeld (2010), S. 127.
46 Vgl. Arndt (2012), S. 138.
47 Vgl. Körner (2008), S. 113.
48 Vgl. ebenda, S. 112.
49 Vgl. Hosfeld (2010), S. 172.
50 Vgl. ebenda, S. 173.
51 Vgl. ebenda, S. 172.
52 Vgl. ebenda, S. 79.

entfalten können und die Menschen eine neue Denkhaltung besitzen, die auf Kooperation statt auf zerstörerische Konkurrenz ausgerichtet ist[53]. Der Kapitalismus beziehungsweise die Marktwirtschaft schließt die Vorgeschichte ab. Auf ihn folgt der Kommunismus, der nach Einschätzung von Karl Marx das Ende der Geschichte darstellt[54].

Am Anfang seiner Studien und Veröffentlichungen stellten die Werke von Karl Marx, die später als Marxismus beschrieben werden sollten, eine von vielen sozialistischen Strömungen dar[55]. Da Marx sich jedoch sehr stark an den tatsächlichen Lebensverhältnissen der Menschen orientierte und keine rein theoretisch-philosophischen Theorien und Forderungen formulierte, wurden seine Theorien sehr erfolgreich[56]. Während die ersten sozialistischen Strömungen noch konservativ und anti-industriell waren, söhnte Marx die Sozialisten mit dem Industrialisierungsprozess aus und entwickelte Theorien wie dieser Prozess gestaltet werden müsste, beziehungsweise wie er sich weiterentwickeln würde[57]. Der Anspruch im Denken und Wirken von Karl Marx war, die gesamte Wirklichkeit zu erfassen und auf dieser Grundlage die Welt zu verändern[58].

Die Veröffentlichung des ersten Bandes des „Kapital" 1867 markiert nach Einschätzung vieler Historiker und Ökonomen das Ende der klassischen Volkswirtschaftslehre, da ab 1870 eine neue Schule von Theoretikern wie Walras Gehör fand, auf die weiter unten noch eingegangen wird[59].

Werner Sombart widersprach 1912 den Prognosen von Marx, indem er darauf verwies, dass die Armen nicht ärmer wurden, die Mittelschicht wuchs und die Zahl der Reichen nicht schrumpfte[60].

Nach der Einschätzung von Christoph Henning steht Marx in der Tradition der volkswirtschaftlichen Klassiker wie David Ricardo und Adam Smith. Im Rahmen seines Werkes verarbeitete er deren Theorien und fasste sie in einer schlüssigen

---

53 Vgl. Hosfeld (2010), S. 79.
54 Vgl. Löw (1984), 106.
55 Vgl. Sieferle (2011), S. 201.
56 Vgl. ebenda, S. 202.
57 Vgl. ebenda, S. 203.
58 Vgl. ebenda, S. 46.
59 Vgl. Elster (1990), S. 60.
60 Vgl. Hosfeld (2010), S. 180.

ökonomischen Gesamtdeutung zusammen. Die neoklassischen Gegenutopien entwickelten eigene Modelle und brachen so mit der Tradition der „Klassiker"[61]. Der stärkste Bruch vollzog sich dabei in der Erklärung von Warenwerten. Bei den „Klassikern" wurden die Warenwerte als objektive Beurteilung eines Gutes verstanden, während man bei den „Neoklassikern", zu denen Henning Alfred Marshall, John Maynard Keynes und Milton Friedman zählen, nur noch einen subjektiven Wert für ein Gut besitzt. Walras formulierte dies aus und entwickelte den Auktionator in Form des Marktes, der Ober- und Untergrenzen von Marktpreisen festlegt, die auf den Produktionskosten als Untergrenzen und den persönlichen Präferenzen eines Marktteilnehmers als Obergrenze basieren[62].

4. Formen, die der kapitalistischen Produktion vorhergehen:

In seinem Werk „Formen, die der kapitalistischen Produktion vorhergehen", das Bestandteil der ökonomischen Studien ist, die in seinem Werk „Grundrisse" erschienen sind, und im 42. Band der Marx-Engels-Werke veröffentlicht wurde, entwickelt Karl Marx eine Theorie, wie sich in der Geschichte die Eigentumsverhältnisse entwickelt haben und weshalb diese Entwicklung eingetreten ist. Diese Theorie wird nun im Folgenden vorgestellt.

Eine Vorform von Eigentum ist die reine Benutzung des Grund und Bodens durch die Menschen. Durch das Zusammenleben in Stämmen und erweiterten Familien ergriffen Menschen das erste Mal noch als Hirtenvolk von dem Boden Besitz und beanspruchten die Nutzung für sich[63].
Bei den Eigentumsformen, die entstanden und sich weiterentwickelten, handelte es sich um die orientalisch/asiatische Form, die antik/römische Form und die germanische Form. Von diesen war die orientalisch/asiatische Form die älteste.
Die Basis der orientalisch/asiatischen Form der Gesellschaft war das Land. In ihr gehörte der Gemeinschaft das gesamte Eigentum. Privateigentum für einzelne Personen existierte nicht, lediglich Privatbesitz war vorhanden. Innerhalb der

---

61 Vgl. Henning (2005), S. 138.
62 Vgl. ebenda, S. 141 f..
63 Vgl. Marx (1857/1858), S. 384.

Gemeinschaft wurde mehr produziert, als zum Überleben benötigt wurde. Dieser Mehrwert, der von Marx „Surplusarbeit" oder das „Surplusprodukt" genannt wird, wurde von einem Despoten an der Spitze der Gesellschaft verwaltet. Dieser Despot sollte den erzeugten Mehrwert im Sinne der Gemeinschaft verwenden[64]. Marx wurde entgegnet, dass dieser Despot Privateigentum besäße. Dem widersprach er. Da der Despot auf Grund seiner herausragenden Stellung und seiner besonderen Bedeutung für die Gemeinschaft besaß, durfte er einen Teil des Mehrwerts für seine persönliche Lebensführung verwenden. Hatte die Gemeinschaft jedoch den Eindruck, dass sich ein Despot von den Interessen der Gemeinschaft entfernt hatte, so wurde er gestürzt und durch eine andere Person ersetzt. Folglich war auch der Despot nur ein privilegierte Mitglied der Gemeinschaft, das selbiger verpflichtet war[65].

In der antik/römischen Grundform ist die Basis die Stadt. Der Sitz dieser Gesellschaft ist in der Stadt und das Land spielt eine etwas untergeordnete Rolle. Der Boden war in dieser Epoche unter den verschiedenen Städten aufgeteilt. Die Aufgabe der Stadt war, es diesen Boden zu beschützen. Dies geschah in kriegerischen Auseinandersetzungen, wobei die Arbeit und Arbeitszeit, die von den Bewohnern einer Stadt für den Krieg aufgewendet wurde, als eine Art Mehrwert erwirtschaftet werden musste. In dieser Zeit konnten die Bewohner nicht auf ihren Feldern oder als Handwerker Waren produzieren, sodass für die Sicherung des Lebensunterhaltes in der Zeit ohne Krieg gesorgt werden musste[66].

Um dies erfolgreich machen zu können, musste die Produktivität der Gesellschaft erhöht werden. Deshalb mussten die Fähigkeiten der Menschen differenziert werden, um durch die teilweise Spezialisierung auf bestimmte Tätigkeiten produktiver arbeiten zu können. Darüber hinaus waren die Menschen durch die geografischen Begebenheiten nicht in so starkem Maße auf die Gemeinschaft angewiesen. So konnten sie auf ihrem Eigentum arbeiten, ohne dabei auf die Arbeit der gesamten Gemeinschaft angewiesen zu sein, wie dies im Orient beispielsweise bei der Anlage und Unterhaltung von Wasserleitungen notwendig war[67].

In der antik/römischen Grundform existierten somit Privat- und Gemeinschafts-

---

64 Vgl. Marx (1857/1858), S. 385 f..
65 Vgl. ebenda, S. 385 f..
66 Vgl. ebenda, S. 386 f..
67 Vgl. ebenda, S. 387.

eigentum. Dabei bestand das Gemeinschaftseigentum aus dem Stadtgebiet, während die Felder und Werkstätten Privatbesitz waren. Als Bewohner einer Stadt hatte eine Person den Anspruch auf Privateigentum und es war nicht möglich, dieses Privateigentum zu verlieren[68].

Demgegenüber bestand die germanische Grundform aus einzelnen, weit verstreut liegenden Siedlungen. Die Menschen lebten dort in eigenständigen, kleinen Familien zusammen. Eine verbindende Einheit in Form einer Stadt gibt es nicht. Die einzige Form des Eigentums ist die des Privateigentums. Es existiert eine Form des Gemeinschaftseigentums, wobei es sich dabei nur um Land handelt, das nicht geteilt werden konnte. Dabei handelt es sich um Jagdgebiete, Weidegebiete und Gebiete zur Holzgewinnung[69].

In der weiteren Entwicklung dieser Grundformen muss laut Marx das Gemeinwesen immer wieder auf Grund sich verändernder Bedingungen umstrukturiert verändert, er nennt es „reproduziert". Dies führt dazu, dass das Fundament, auf dem eine Gesellschaft aufgebaut ist, verändert wird und so am Ende die gesamte Gesellschaft vollkommen anders ist. Dabei ist die orientalisch/asiatische Form am stabilsten, da es in ihr für den Einzelnen am schwierigsten ist, sich gegenüber der Gemeinschaft zu emanzipieren und eigenständig zu wirtschaften[70].

Im Rahmen der Veränderung ändern sich auch die objektiven Bedingungen der Arbeit. So werden aus Dörfern Städte. Landwirtschaft findet nun auf bestellten Äckern statt und die handwerklichen Produktionsweisen verändern sich. In Gesellschaften mit Privateigentum gibt es nach Modifikationen des Systems die Möglichkeit sein Eigentum, was vorher ein Anrecht jedes Mitgliedes der Gesellschaft war, zu verlieren[71].

Aus den Grundformen entstehen durch Modifikationen neue Phänomene. Das wichtigste Phänomen davon ist die Entstehung der Sklaverei. Der Ursprung der Sklaverei entstand durch Eroberungen nach kriegerischen Auseinandersetzungen. In der Sklaverei wurden Menschen zu erweiterten Werkzeugen, die keinen eigenen

---

68 Vgl. Marx (1857/1858), S. 388.
69 Vgl. ebenda, S. 391 f..
70 Vgl. ebenda, S. 394.
71 Vgl. ebenda, S. 402.

Willen mehr hatten, sondern lediglich einen bestimmten Zweck in der Produktion erfüllen sollten[72]. Die gesetzliche Definition des Sklaven im antiken Rom war die des „sprechenden Werkzeugs"[73].

Am Ende des Prozesse von Verselbstständigung des Einzelnen gegenüber der Gemeinschaft steht die Erschaffung des freien Lohnarbeiters und die Entstehung des Kapitals. Dieser Prozess beginnt mit der Auflösung der Hörigkeitsverhältnisse, sodass es keine Leibeigenen oder Sklaven gibt. In der Folge sind alle Menschen frei. Auch die Grundeigentumsverhältnisse lösen sich auf, was bedeutet, dass die Menschen selbständig werden und ihnen Privateigentum nicht mehr natürlich gehört, sondern dass es auch verloren werden kann. Auch im Bereich der Handwerker, die sich in Zünften zusammengeschlossen hatten, kommt es zur Auflösung eben jener. Die Handwerker verlieren dabei das Eigentum an ihren Werkzeugen[74].

Das Ergebnis dieser Auflösungsprozesse ist der „freie Lohnarbeiter". Dieser ist „im doppelten Sinne frei". Er ist frei von Obrigkeiten, aber auch frei von Eigentum an Produktionsmitteln beziehungsweise Investitionsgütern, das heißt er besitzt sie nicht. Deshalb ist er gezwungen seine Arbeitskraft gegen Geld zur Verfügung zu stellen, um die Grundbedürfnisse in seinem Leben, Nahrung, Schlaf, Obdach, erfüllen zu können[75].

Durch das Vorhandensein von freien Lohnarbeitern entsteht Kapital. Kapital steht insofern im Gegensatz zum Geldvermögen, da es sich bei einem hohen Geldvermögen um Eigentum handelt, das von einer Gruppe von Menschen wieder konsumiert wird. Ein hohes Geldvermögen wird deshalb mit dem Gebrauchswert bewertet. Demgegenüber ist Kapital das Eigentum, das produziert wird, um die Produkte später wieder in die Produktion zu reinvestieren. In diesem Fall hat der Tauschwert bei der Frage, welche Güter produziert werden sollen, eine wichtige Rolle. Der Gebrauchswert tritt dabei in den Hintergrund und wird am Ende sogar ganz von ihm abgelöst[76]. Zu Bildung von großen Vermögen kommt es Marx zufolge durch Wucher und Handel.

In der Praxis bedeutete dies, dass als erster Schritt Manufakturen entstanden. Diese

---

72 Vgl. Marx (1857/1858), S. 403 f..
73 Vgl. Callinicos (2011), S. 96.
74 Vgl. Marx (1857/1858), S. 410.
75 Vgl. ebenda, S. 411.
76 Vgl. ebenda, S. 415.

lösten das ländliche Nebengewerbe auf, das aus Spinnen und Weben bestand und dessen Arbeit weniger ausgeprägte Fähigkeiten benötigte. Später geschah dies auch mit dem städtischen Gewerbe, das aus Glas- und Metallfabriken sowie dem holzverarbeitenden Gewerbe bestand. Diese Situation sollte sich weiter zuspitzen, bis am Ende ein Großteil des Eigentums einer kleinen Gruppe von Menschen gehörte.

Für die Entwicklung in den „deutschen Landen" bedeutet dies, dass am Anfang der Menschheitsgeschichte das Eigentum der Gemeinschaft gehörte. Später ging das Eigentum auf die Mitgliedern eines Stammes selbstverständlich über und es gab keine Möglichkeit dieses Recht zu verlieren. Später wurden die Eigentumsrechte der einzelnen Personen beschränkt, um anderen Personen, die im höheren Maße das Gemeinwesen repräsentierten, auf Grund dieser hervorgehobenen Stellung bestimmte Sonderrechte einzuräumen. Darauf folgte eine Phase, in der sich die Individuen gegenüber der Gemeinschaft emanzipierten und selbst über ihr Eigentum bestimmen wollten. Damit einhergehend entstand die Möglichkeit das Eigentum auch wieder zu verlieren. Als letzter Entwicklungsschritt, so die Vorhersage von Marx, würde der Kommunismus entstehen und Privateigentum wäre gänzlich aufgehoben.

5. Formen, die der kapitalistischen Produktion vorhergehen im zeithistorischen Kontext:

Die Theorie über die Entwicklung der Eigentumsverhältnisse von Marx stimmt in ihren einzelnen Perioden mit einer Theorie von Adam Smith überein[77]. Adam Smith teilte die Geschichte der Menschheit in 4 große Epochen ein. In der ersten Epoche entnehmen „primitive" Jäger der Natur Nahrung und kümmern sich dabei nicht um die Regeneration der Natur oder das Nachwachsen der Nahrungsquellen. In dieser Phase gibt es kein Eigentum und keine Eigentumsrechte. In der zweiten Epoche bilden Hirtennomaden patriarchalische Ordnungen, sind aber noch nicht sesshaft. Danach entstehen Agrargesellschaften und es treten soziale Unterschiede und geringe Ausprägungen von Arbeitsteilung auf. Zuletzt entwickelt sich der Kapitalismus

---

77 Vgl. Sieferle (2011), S. 37.

beziehungsweise die Marktwirtschaft, die das Ende der Entwicklung der Menschen und somit quasi das „Ende der Geschichte" darstellt[78].

Auf dem Verhältnis von Herren und Knechten in der Agrargesellschaft aufbauend entwickelte Marx die Idee der Sklavenhaltergesellschaft[79]. Während Adam Smith sich auf die Darstellung von Erwerbsgrundlagen konzentrierte, orientierte sich Marx stärker an saint-simonistischen Vorstellungen von 1829. Denen zufolge gab es durch die Entstehung des Kapitalismus beziehungsweise der Marktwirtschaft einen Bruch in der Geschichte. Dieser Bruch bestand darin, dass bisher eine Gruppe von Menschen immer nur eine andere Gruppe von Menschen ausgebeutet hatte. Mit Aufkommen des Kapitalismus beziehungsweise der Marktwirtschaft beutete nun ein Mensch, der von einem anderen Menschen abhängig war, die natürlichen Ressourcen der Welt aus[80].

Daneben gibt es die Theorie über römischen und germanisches Privateigentum. Sie beruht auf der „Marktgenossenschaftstheorie" von Johann Albrecht Friedrich Eichhorn, Justus Möser, August Hauxthausen und Georg Ludwig Maurer, die zu Lebzeiten von Karl Marx bekannt und anerkannt war. Nach der Theorie bildeten sogenannte Feldgemeinschaften ursprünglich die Grundlage Ackerbau betreibender Völker[81].

Marx' Untersuchungen zum Gemeindelandbesitz beruhen auf den Untersuchungen von Maxim Maximowitsch Kovalevski zum gleichen Thema[82]. Gemäß dieser bedeutet Gemeindeland lediglich die Abwesenheit von Privateigentum[83].

Auch Teile von Hegels Asienbild werden in der Theorie über die „asiatische Produktionsweise" verarbeitet. Bei den von Marx verarbeiteten Teilen handelt es sich in erster Linie um das Modell der Wasserbaugesellschaft, bei dem eine Gesellschaft als gemeinschaftliche Aufgabe die Bewässerungsanlagen baut und instand hält, um überhaupt erst Ackerbau betreiben zu können[84].

Pierre-Joseph Proudhorn sah als Ziel der Weiterentwicklung der Landwirtschaft die

---

78 Vgl. Sieferle (2011), S. 36 f..
79 Vgl. ebenda, S. 37.
80 Vgl. ebenda, S. 37 f..
81 Vgl. Arndt (2012), S. 93.
82 Vgl. ebenda, S. 96.
83 Vgl. ebenda, S. 97.
84 Vgl. ebenda, S. 97.

Einführung von genossenschaftlich organisierten Kleinbetrieben[85]. Weitere Bestandteile des Wirtschaftssystems sollten zinslose Kredite sein. Zwischen den Kleinproduzenten sollten die Erzeugnisse „gerecht" ausgetauscht werden[86]. Die Umgestaltung sollte durch einen friedlichen Prozess und nicht mittels Revolution geschehen. Am Ende dieser Entwicklungen sollte nach Einschätzung Proudhorns die „harmonische Gesellschaft" stehen, weshalb man ihn auch den „Vater des Anarchismus" nennt[87].

Ähnlich wollte Charles Fourier die friedliche Überwindung der sozialen Gegensätze durch die Schaffung von autonomen Produktivgenossenschaften, die subsistenzwirtschaftlich arbeiten[88].

Robert Owen stimmte mit Karl Marx in der Frage überein, dass sich die Industrialisierung nicht wieder rückgängig machen lassen konnte. Er plädierte dafür, dass sich die Arbeiter in einer Genossenschaftswirtschaft zusammenschließen und gemeinsam über die Produktion bestimmen[89].

Trotz seiner Gegnerschaft und Abneigung gegenüber den Anarchisten um Bakunin übernahm Karl Marx ihr Ideal von der Auflösung der Staatsgewalt[90]. Nach der gemeinsamen Vorstellung haben die Menschen ein hohes Interesse an der Steigerung der Produktivkräfte, weshalb sie eine eigenständige Triebfeder des technischen Fortschritts sind. In diesem Prozess wird kein regelnder Staat benötigt[91].

Vor dem Entstehen von Lösungsansätzen gab es bereits im 18. Jahrhundert Kritik an dem Entstehen des Kapitalismus beziehungsweise der Marktwirtschaft. Allgemein war in der christlichen, alteuropäischen Tradition das Streben nach Reichtum als negative Eigenschaft angesehen. Habsucht war eine Sünde und das Streben nach Reichtum zeigte die Selbstsucht einer Person und zerstörte das Gemeinwesen[92]. So wurde der Kapitalismus beziehungsweise die Marktwirtschaft im 18. Jahrhundert von Teilen der Gesellschaft abgelehnt. Konkret wurde ihr vorgeworfen, dass durch die

---

85 Vgl. Körner (2008), S. 67.
86 Vgl. Theimer (1985), S. 98.
87 Vgl. Theimer (1985), S. 98.
88 Vgl. Körner (2008), S. 67.
89 Vgl. Theimer (1985), S. 97.
90 Vgl. ebenda, S. 99.
91 Vgl. ebenda, S. 113.
92 Vgl. Sieferle (2011), S. 13 f..

Arbeitsteilung und die Ermöglichung von neuen Konsummöglichkeiten gleichzeitig auch „falsche" und künstliche Bedürfnisse geweckt würden. Darüber hinaus würde eine Legitimierung der Verfolgung des Eigeninteresses Nächstenliebe und Altruismus in den Hintergrund treten lassen und damit schwächen. Außerdem würde der Arbeiter durch die Arbeitsteilung vom Produkt seiner Arbeit entfremdet, ein Argument, das Marx später aufgriff[93].

Die Theorie von Marx stellt damit eine säkularisierte Variante der Weiterentwicklung der Kritik am Kapitalismus beziehungsweise an der Marktwirtschaft dar. Dabei möchte Marx jedoch nicht zurück zu einer agrarisch geprägten Gesellschaft, die auf Subsistenzwirtschaft beruht. Er möchte die industrielle Gesellschaft weiterentwickeln und zum Wohle der Gesellschaft umgestalten.

6. Geschichte des Jagdrechts in „deutschen Landen":

Zu Beginn der Menschheitsgeschichte, als die Menschen noch nicht sesshaft waren und umherzogen, diente die Jagd der Beschaffung von Nahrung. Weitere Teile des erlegten Wildes wurden von den Menschen verwertet, beispielsweise Knochen zu Werkzeug oder Felle als Kleidungsstücke. In diesem Stadium wurde nicht an die Regeneration der Ressource Tier gedacht. Es gab keinen Wertekanon, der sich mit diesem Thema auseinandersetzte, sodass nicht von „Recht" gesprochen werden kann.

Mit dem Beginn der Sesshaftigkeit und der zunehmenden Entwicklung eines menschlichen Gemeinwesens entstand ein größer werdender Wertekanon, der einzelne Bereiche des menschlichen Zusammenlebens regelte. Nach dem frühmittelalterlichen und dem germanischen Recht stand jedem „Freien", jedem selbstbestimmten Stammesmitglied, das Jagdrecht zu[94]. Auch im römischen Recht, das in Teilen der „deutschen Landen" Geltung hatte, war das Jagdrecht ein Naturrecht und stand damit jedem vollwertigen Mitglied der Gesellschaft zu, i.e. allen „freien" Männern. Die Ländereien waren im gemeinschaftlichen Besitz[95].

Die ersten bis heute erhaltenen Rechtsquellen der germanischen Stämme, der

---

93 Vgl. Sieferle (2011), S. 16.
94 Vgl. Michel (1958), S. 1.
95 Vgl. Hahn (1836), S. 1.

„Sachsenspiegel", 1220-1235, und der „Schwabenspiegel", 1274/1275, enthalten Regelungen zum Jagdrecht[96]. Der Sachsenspiegel und der Schwabenspiegel stellen einen Versuch dar, das vorherrschende Gemeinschaftsrecht zu verschriftlichen. Sie waren ursprünglich nur als Erfassung der Rechtstraditionen gedacht, erlangten jedoch die Qualität eines Gesetzes beziehungsweise eines Rechtsetzungaktes. „Liber II Art. 61" im Sachsenspiegel und „Cap. 237" im Schwabenspiegel garantierten das Jagdrecht als allgemeines Recht. Dieses Recht konnte von dem Einzelnen nicht verloren werden, sondern war ihm von Natur, durch Geburt als Mitglied eines Stammes, gegeben[97]. Im Sachsenspiegel werden lediglich 3 Gebiete genannt, in denen sich Bannforste befinden. Auch im Schwabenspiegel gibt es nur 3 Gebiete, die Bannforste sind[98]. Dabei handelt es sich bei Bannforsten um Gebiete, in denen ein nicht-privilegiertes Mitglied der Gesellschaft nicht jagen durfte. Auf Bannforste wird im weiteren Verlauf noch genauer eingegangen.

Auf Grund der oben genannten Intention, Gewohnheitsrechts zu erfassen, kann in beiden Fällen davon ausgegangen werden, dass das Jagdrecht als allgemeines Recht nicht erst im 13. Jahrhundert geschaffen wurde, sondern vielmehr jahrhundertealtes Gewohnheitsrecht darstellt.

Das Jagdrecht konnte in der antiken Zeit auch kein Eigentumsrecht innerhalb der germanischen Stämme sein, da in diesen kein Konzept von Grundeigentum existierte. Im weiteren Verlauf bildete sich Privateigentum an Wald und Feld heraus, was auch das Jagdrecht betraf[99]. Dabei muss der Begriff Eigentumsrecht nicht im modernen Sinne eines Ausschließungsrechts gegenüber Dritten verstanden werden. Vielmehr handelte es sich dabei um ein unveräußerliches Benutzungs- und Verfügungsrecht[100].

In den „deutschen Landen" beschränkten die Merowingerkönige schon zwischen dem 5. und 8. Jahrhundert das Jagdrecht an den Stellen, an denen sie sich von ihm beeinträchtigt fühlten[101]. Nach Einschätzung von Kohl erklärten die Merowinger und Karolinger nur solche Gebiete zu Bannforsten, die vorher herrenlos gewesen

---

96 Vgl. Kohl (1993), S. 20.
97 Zitiert nach Hahn (1836), S. 1.
98 Vgl. Kohl (1993), S. 20.
99 Vgl. Stieglitz (1832), S. 24 f..
100   Vgl. ebenda, S. 142.
101   Vgl. Michel (1958), S. 1.

17

waren[102].

In seiner Funktion Eigentumsrecht oder als naturgegebenes Grundrecht wurde das Jagdrecht ab dem 11. Jahrhundert durch die Einführung von Bannforsten beschränkt. Diese wurden von Königen eingerichtet, damit sie bei der Jagd in einem festgelegten Gebiet nicht gestört wurden und (noch wichtiger) ihnen in ausreichender Menge jagdbare Tiere zur Verfügung standen[103]. Außerdem wurden im weiteren Verlauf der Geschichte die „hohe" und die „niedere" Jagd geschaffen[104]. So verabschiedete Markgraf Johann in der Mark Brandenburg 1572 einen Rechtsakt, der dem Landesherrn das Jagdrecht auf dem allen Privateigentum zugestand, während der Adel das Jagdrecht auf „landesherrlichen Gütern" erhielt[105]. Dies bedeutete, dass in der Mark Brandenburg das Jagdrecht für nicht-privilegierte Menschen komplett abgeschafft wurde.

In den anderen „deutschen Landen" ging die Beschränkung des Jagdrechts nicht so weit. In der Praxis bedeutete dies, dass nicht-privilegierte, das heißt in den meisten Fällen nicht-adelige Personen außerhalb der Bannforste ein allgemeines Jagdrecht hatten. An diesen Orten durften sie auch angeschossenes Wild 24 Stunden lang verfolgen, um es sich nach erfolgreicher Nachsuche anzueignen. In den Bannforsten war auch die Nachsuche für die nicht-privilegierte Bevölkerung verboten[106].

Durch die zunehmende Ausbreitung der Bannforste und der Schaffung eines ausschließlichen Jagdrechts wurden die Grundlagen zum modernen Jagdrecht geschaffen. Das Jagdrecht ging später lediglich von dem König und den Adligen auf Eigentümer in Form von Privatpersonen über[107].

Die Ausweitung der Bannforste führten dazu, dass den Bauern ein Bestandteil zur Sicherung ihrer Lebensgrundlage genommen wurde. Darüber hinaus kam es im Hoch- und Spätmittelalter, vom 12. bis 16. Jahrhundert, zur Einführung von „Jagdfronen". Dabei handelte es sich um Arbeiten, die von den Bauern als Hilfsdienste im Rahmen der hoheitlichen Jagd auszuführen waren, wie die Teilnahme als Treiber, das Zerwirken des erlegten Wildes, der Transport des Wildbrets und die

---

102   Vgl. Kohl (1993), S. 20.
103   Vgl. Stieglitz (1832), S. 44 ff..
104   Vgl. Hahn (1836), S. 3.
105   Vgl. ebenda, S. 2.
106   Vgl. Eckardt (1976), S. 41.
107   Vgl. Stieglitz (1832), S. 143 und 158.

Verpflegung der Jagdgesellschaft[108].

Seit dem 16. Jahrhundert wurde Kritik an den Jagdprivilegien geäußert. Dies kann damit erklärt werden, dass zu dieser Zeit die Jagdfrondienste stark ausgeweitet waren und die Bauern so zunehmend Einbußen an verfügbarer Arbeitszeit erlitten[109]. So wurde die Forderung der Freigabe der Jagd eines der Hauptanliegen des Bundschuh-Aufstands 1502. Der Hauptbeweggrund für die Beschwerden waren sogenannte „Wildschäden". Unter Wildschäden versteht man die Schäden, die Wildtiere dadurch anrichten, dass sie Ackerfrüchte fressen, diese zertrampeln, verkoten oder den Acker auf der Suche nach bestimmten Pflanzen zerwühlen[110]. Auch im Rahmen des Bauernkrieges von 1525 und der Agrarunruhen 1848 war die Abschaffung der Jagdprivilegien eins der wichtigsten Anliegen[111]. Einer der wesentlichen Auslöser für die französische Revolution war der Ärger der Bauern, dass sie nicht jagen durften, um sich selbst zu versorgen und ihre Felder vor Wildschäden zu schützen. Daher waren die Jagdprivilegien die ersten adeligen Vorrechte, die nach der französischen Revolution abgeschafft wurden[112].

Ab Mitte der 1790er Jahre wurde im Rahmen der Liberalisierung des Rechts und der Gesellschaft auch in Gebieten in der „deutschen Landen", die von Frankreich besetzt waren, das feudale Jagdrecht abgeschafft. Nach dem Ende der französischen Herrschaft und mit dem Beginn der „Restauration", dem Zeitalter der Wiederherstellung der gesellschaftlichen Verhältnisse vor der französischen Herrschaft, wurde in den rechtsrheinischen Gebieten das feudale Jagdrecht wieder eingeführt. In den linksrheinischen Gebieten wurde ein Kompromiss geschlossen, der besagte, dass eine Person das ausschließliche Jagdrecht für eine Fläche bekommt, wenn diese Fläche größer als 50 Hektar ist und sich im Alleineigentum der Person befindet. In diesen Fällen war das Jagdrecht ein Eigentumsrecht[113]. Auch wurden 1821 die Jagdfrondienste abgeschafft[114].

Damit war eine wichtige Forderung der demokratischen Bewegung erfüllt worden. Die deutsche Nationalversammlung beschloss 1849 in Paragraph 169, dass das

---

108   Vgl. Hiller (1992), S. 34 f..
109   Vgl. Kohl (1993), S. 247.
110   Vgl. Eckardt (1976), S. 31 f..
111   Vgl. ebenda, S. 18.
112   Vgl. Hiller (1992), S. 9 f..
113   Vgl. Eckardt (1976), S. 185.
114   Vgl. Kohl (1993), S. 33.

Jagdrecht an das Grundeigentum gebunden werden sollte. Das Thema der Aufhebung der Jagd war für die Bauern naturgemäß von größerer Bedeutung als das Recht auf Freizügigkeit oder die Pressefreiheit[115]. Am 5.10.1848 verankerte die Paulskirchenverfassung in Punkt 14 das Jagdrecht auf dem eigenen Boden als ein Grundrecht[116]. Diese Rechte wurden jedoch am 23.8.1851 vom monarchistischen Frankfurter Bundestag, der nach Niederschlagung der demokratischen Bewegung in Deutschland wieder eingesetzt war, wieder abgeschafft. Dennoch schafften 23 deutsche Kleinstaaten in der Folge die Jagdprivilegien ab[117].

Ab 1870 setzte eine Entwicklung ein, in Folge derer das Jagdrecht, das sich in der Zuständigkeit der Länder des Deutschen Reiches befand, an der Eigentum gebunden wurde. In der Weimarer Republik verfasste der Reichsminister Otto Braun ein einheitliches Jagdrecht für das Deutsche Reich, das aber immer noch stark von den Jagdgesetzen der einzelnen Länder beeinflusst wurde. Im Reichsjagdgesetz von 1934 wurde das Jagdrecht endgültig zum Eigentumsrecht für Personen, deren Eigentum größer als 75 Hektar war. Dies wurde auch im Bundesjagdgesetz von 1952 und in dessen Novellierung 1961 übernommen. Bei den kleineren Flächen ist das Jagdrecht ebenfalls ein Eigentumsrecht. In diesen Fällen bilden mehrere kleinere Eigentümer einen gemeinschaftlichen Jagdbezirk und können das Jagdrecht verpachten. Kritiker des Systems des Jagdrecht als Eigentumsrecht merken dabei an, dass damit das Besitzbürgertum an die Stelle des Adels trete[118].

Zusammenfassend lässt sich das Jagdrecht in „deutschen Landen" in seinem geschichtlichen Verlauf so charakterisieren, dass nach Entstehung des Jagdrechts als Gewohnheitsrecht es sich um ein allgemeines Recht für jede Person handelte. Dieses wurde zu Gunsten von Königen und Adligen beschränkt, um später ein Eigentumsrecht zu werden, das an den Besitz von Boden gebunden war. Dieses Recht kann seitdem bis in die heutige Zeit durch den Verlust das Eigentums an jagdbarem Land verloren oder gegen die Zahlung von Pacht veräußert werden.

---

115   Vgl. Eckardt (1976), S. 13.
116   Vgl. Hiller (1992), S. 101.
117   Vgl. Eckardt (1976), S. 264.
118   Vgl. ebenda, S. 286 f..

7. Fazit:

Die einzelnen Stufen, die in der Theorie über die Entwicklung von Eigentumsverhältnissen von Karl Marx dargestellt werden, sind in großen Teilen kongruent mit der Entwicklung des Jagdrechts in „deutschen Landen". So war das Jagdrecht nach seiner Kodifizierung ein Recht, auf das sich jedes Mitglied einer Gemeinschaft berufen konnte. Dabei war es unmöglich das Jagdrecht zu verlieren. Durch die Einführung von Bannforsten wurde das Jagdrecht für die einfachen Mitglieder beschränkt und ging auf König und Adlige über. Diese Personen repräsentierten im höheren Maße die Gemeinschaft. Dabei ist die Entwicklung jedoch nicht immer so stringent wie in der Theorie von Karl Marx, da zwischen dem 5. und 8. Jahrhundert von den Merowingern und den Karolingern Bannforste geschaffen wurden, während der Sachsenspiegel und der Schwabenspiegel aus dem 13. Jahrhundert das Jagdrecht wieder als allgemeines Recht beschreiben, das von den Mitgliedern eines Stammes nicht verloren gehen kann.

Dieser Widerspruch könnte damit zu erklären sein, dass es sich bei den Bannforsten im 5. und 8. Jahrhundert zumeist um Gebiete handelte, die nicht im Eigentum einer Person standen. Die verstärkte Entwicklung von Bannforsten begann dann ab dem 11. Jahrhundert und löste das Jagdrecht als allgemeines Grundrecht ab. Wie von Marx beschrieben, gab es Proteste der nicht-privilegierten Bevölkerung, wenn eine Person, die die Gemeinschaft repräsentieren sollte und deshalb bestimmte Sonderrechte besaß, diese zu sehr für das eigene Wohl nutzte und im konkreten Beispiel die Wildschäden überhand nahmen oder die „Jagdfronen" sehr viel Zeit in Anspruch nahmen.

Im letzten Schritt entwickelte sich das Jagdrecht zu einem Eigentumsrecht, wobei in diesem Fall die Entwicklung nicht stringent verläuft. So wurde das Jagdrecht in den „deutschen Landen" als Eigentumsrecht nach der Eroberung durch Napoleon eingeführt, aber in der auf diese Zeit folgenden Restauration wieder abgeschafft. Erst nach diesem entwicklungstheoretischen Rückschritt wurde das Jagdrecht zu einem individuellen und handelbaren Eigentumsrecht. Dabei ist jedoch zu berücksichtigen, dass die Geschichte nicht stringent und in ihrer Gesamtheit in vorgefertigten Schemen abläuft.

Zusammenfassend zeigt sich, das die Geschichte der Entwicklung des Jagdrechts in

„deutschen Landen" die Theorie von Marx über die Entwicklung der Eigentumsverhältnisse bestätigt. Der letzte Schritt der Akkumulation von Eigentumsrechten am Jagdrecht ist jedoch nicht in dem von Marx prophezeiten Maße eingetreten. Ein Grund hierfür mag die Pachthöchstfläche von 1 000 Hektar sein, die jedoch durch das Pachten von Jagdrevieren über Strohmänner in der Praxis auch umgangen wird[119]. Ebenfalls nicht eingetreten ist die Vorhersage, dass das Chaos der kapitalistischen beziehungsweise der marktwirtschaftlichen Gesellschaft zu einer kommunistische Gesellschaft führt. Dies würde für das Jagdrecht bedeuten, dass jede Person, die die Befähigung zur Jagdausübung besitzt, in dem Umfang jagen darf, wie es die persönlichen Bedürfnisse erfordern. Somit stimmt der geschichtliche Ablauf der Theorie, während die Prognosen nicht eingetreten sind.

Es wäre eine interessante Frage für weitergehende wissenschaftliche Studien, ob in Ländern, die ebenfalls kapitalistisch beziehungsweise marktwirtschaftlich organisiert sind und in denen es keine Pachthöchstflächen gibt, eine Akkumulation von Jagdausübungsrechten für eine kleine Gruppe von Personen stattgefunden hat. Darüber hinaus wäre es interessant zu untersuchen, ob es bestimmte Faktoren gibt, die die von Marx prophezeite Entwicklung erfolgreich verhindert haben.

---

119   Vgl. § 11 (3) BJagdG (Bundesjagdgesetz).

Literaturverzeichnis:

Arndt, Andreas (2012): *Karl Marx: Versuch über den Zusammenhang seiner Theorie*, 2. durchgesehene und ergänzte Auflage, Akademie Verlag, Berlin.

Callinicos, Alex (2011): *Die revolutionären Ideen von Karl Marx*, 3. Auflage, VSA-Verlag, Hamburg.

Eckardt, Hans Wilhelm (1976): *Herrschaftliche Jagd, bäuerliche Not und bürgerliche Kritik: Zur Geschichte der fürstlichen und adligen Jagdprivilegien vornehmlich im südwestdeutschen Raum*, Veröffentlichungen des Max-Planck-Instituts für Geschichte 48, Vandenhoeck & Ruprecht, Göttingen.

Elster, Jon (1990): *An Introduction to Karl Marx*, 4. Auflage, Cambridge University Press, Cambridge.

Hahn, Carl Wilhelm (1836): *Das Preußische Jagdrecht: Aus den allgemeinen Landesgesetzen, den Provinzial-Jagdverordnungen, den Ministerial- und Regierungs-Verordnungen*, Georg Philipp Aberholz, Breslau.

Henning, Christoph (2005): *Philosophie nach Marx: 100 Jahre Marxrezeption und die normative Sozialphilosophie der Gegenwart in der Kritik*, transcript Verlag, Bielefeld.

Hiller, Hubertus (1992): *Untertanen und obrigkeitsstaatliche Jagd: Zu einem konfliktträchtigen Verhältnis in Schleswig-Holstein zwischen 1600 und 1848*, in: Studien zur Volkskunde und Kulturgeschichte Schleswig-Holsteins, Band 27, Karl Wachholtz Verlag, Neumünster.

Hosfeld, Rolf (2010): *Die Geister, die er rief: Eine neue Karl-Marx-Biografie*, 2. Auflage, Pieper Verlag, München.

Iovio, Marco (2012): *Einführung in die Theorien von Karl Marx*, de Gruyter, Berlin.

Körner, Klaus (2008): *Karl Marx*, Deutscher Taschenbuch Verlag, München.

Kohl, Gerald (1993): *Jagd und Revolution: das Jagdrecht in den Jahren 1848 und 1849*, in: Rechtshistorische Reihe, Band 114, Peter Land Verlag, Frankfurt am Main.

Löw, Konrad (Hrsg.) (1984): *Karl Marx: Bilanz nach 100 Jahren*, Deutscher Instituts-Verlag, Köln.

Marx, Karl (1857/1858): *Formen, die der kapitalistischen Produktion vorhergehen*, Auszug aus: Grundrisse der Kritik der politischen Ökonomie, erschienen 1983 in Marx-Engels-Werke (MEW), Band 42, S. 383-421, Dietz Verlag, Berlin.

Michel, Fritz (1958): *Forst und Jagd im alten Erzstift Trier*, erschienen in: Schriftenreihe zur Trierer Landesgeschichte und Volkskunde, Band 4, Paulinus-Verlag, Trier.

Schmitz, Werner (1984): *Was hat Karl Marx wirklich gesagt?: Eine Darlegung seiner Lehre anhand seiner Schriften*, Günter Olzog Verlag, München.

Sieferle, Rolf Peter (2011): *Karl Marx: zur Einführung*, 2. Auflage, Junius Verlag, Berlin.

Stieglitz, Christian Ludwig (1832): *Geschichtliche Darstellung der Eigenthumsverhältnisse an Wald und Jagd in Deutschland: von den ältesten Zeiten bis zur Ausbildung der Landeshoheit*, F. A. Brockhaus, Leipzig.

Theimer, Walter (1985): *Der Marxismus: Lehre-Wirkung-Kritik*, 8. vollständig neu bearbeitete und ergänzte Auflage, Francke Verlag, Tübingen.